50歳からはこんなふうに

Discover

はじめに

50歳になって、これからどうしようという人は多いと思います。それはきっと、誰もが感じる人生の疲れの一つかもしれません。僕自身もそうでした。これまでの仕事や生活をただ続けていくだけでいいのか。そんなふうに思うと、疲れがいつしか無気力となり、そのままゆっくりと老いていく自分を受け入れるしかないのかと、不安や孤独、焦りを感じてしまいます。

50歳という現実を受け入れて、これから何をどうやってがんばっていくのか。そう考えたとき、少し力を抜いてみようと思いました。ふりかえってみると、社会人になってから今日まで、負けてはいけない、やらなきゃいけない、ちゃんとしなきゃいけないと、ずっと力を入れ続けてきました。

もちろん、これからもがんばりたい。でも、今までとは違う、「あたらしいがんばり方」を見つけたい。力を抜いて、本当の自分に立ち返って、これからの人生をおもしろく楽しく生きていきたいと思いました。

「こう見られたい」という自意識、「これだけは絶対に譲れない」というプライド、

「大人ならこうあるべき」という固定観念。そういうものはこれからの人生において何も役に立ちません。一つずつくるくると丸めてゴミ箱にぽいと捨ててしまおうと思いました。

そうしたら、眠りから覚めたものがありました。それは、大人になるにつれ、自分の心の奥にしまい込んでいた少年の自分でした。自由で天真爛漫、夢と憧れに満ちて、なんでもやれる、なんでもやってみたいというチャレンジ精神とアイディアにあふれ、好奇心旺盛な行動力に満ちた、いつかの純粋な自分が現れたのです。まさにセカンド・バースデーです。

もちろん、経済的に余裕があるわけではないので、しっかり働かなくてはいけません。でも、その働き方にもあたらしい働き方があると思うのです。そんな僕の考え方や気づきから生まれた「あたらしいがんばり方」を、この本を手に取ってくれた皆さんと分かち合えたらうれしいです。

松浦弥太郎

『50歳からはこんなふうに』目次

Part 1　自分と出会い直す

Part 2 プロジェクトをはじめる

Part 3 行動の整え方

Part 4 習慣のつくり方

Part 5 こころのもち方

自分と出会い直す

Part 1
WHAT&WHY

50歳になったら「自分の物語」をはじめよう

大人になることは自由をがまんすること。なんとなく、そう考えがちだけれど、本当は逆なのかもしれません。

そのことに気づいたのは、9年ほど続けさせてもらった『暮しの手帖』編集長の仕事にひと区切りをつけて、あたらしいことをはじめようと心に決めたころでした。もうすぐ50歳を迎えようという節目でした。

20代、30代、40代と歳を重ねながらいろいろな役割を任されたり、引き受けたりしてきた中で、なんとか自分の力でできるようなことも増えたけれど、自分一人の力ではどうしようもなく抗えないことも同じくらいありました。

もちろん、それが大人ゆえの責任や関係性だということもわかっているけれど、どこか窮屈さを感じている自分もいたと思います。

自分らしい人生を選んでいるようで、実はすでに世の中にあるものや、できあがったもののいくつかの選択肢から選んでいるだけというか。自由と不自由が混じり合った時間の積み重ねも、それはそれでよしとして十分に味わってきたうえで、ここから先は、もっと素直に、もっとわがままになって、もっと好きと自由を取り戻す時間を過ごしていこう。

そんな決心が、僕の中で静かに、でもはっきりと芽生えたのでした。

別に「正しい生き方を示そう」とか、「みんなに尊敬される姿を見せよう」「すてきでいよう」と気合いを入れるわけでもなく。ただただ単純に、これまでいろいろな服を被せてきた自分をいったん裸んぼにして、むき出しの自分に出会い直してみたいという好奇心が、むくむくと湧いてきたのです。ここからはこれまでの惰性で生きたくないという感じです。

考えてみれば、「50歳」という節目は、誰もがもう一度自由を取り戻すのに、最適な年齢なのかもしれません。今しかないとも思えたのです。

仕事ではひととおりの経験をして、いくつかの大きな山を乗り越えてきたところで、自信も体力もまだ十分にある。

経済的にもある程度は安定を手に入れ、無理のないやりくりの仕方も身につけてきた。

家族関係に関しても、僕の場合は、子どもは成人して一人暮らしを満喫している。二人暮らしとなったパートナーとは「お互いに過度な拘束はせずに、好きなことを楽しもう」という考えが一致した間柄なので、〝個〟として自由に過ごせる時間がある。

概ねそういう節目だからこそ、「さあ、これから、どう生きる？」と、ポーンと野に放たれたような感覚を抱いた人は、少なくないのではないでしょうか。

果てのない野原の真ん中にポツンと立つのは、大人でも子どもでもない自分という自分。その表情は、多少の不安はあるけれども、意気揚々と「なんでもやってみよう」と希望に満ちています。

残りの時間を、おもしろく、楽しく、好きなように。そういう人生におけるあたらしいコンセプトで、ここから先の自分を動かしていこうと、僕は決めたのです。

セロ

まるで10歳の少年のように、大人こそ無邪気に生きよう

人生80歳まで生きるとして、あと30年。１００歳まで長生きできたら、あと50年。漫然と時間を過ごすのでは、ただ老いるだけかもしれませんが、自分で「これからのコンセプト」を決めて、自分を「主人公」として物語の「シナリオ」を描こうとすれば、なんだかまったくあたらしい人生のようで楽しみになります。

僕のコンセプトは、「おもしろく、楽しく、好きなように」。

まるで子どもみたいに、わんぱくなコピーだと笑われるかもしれません。でも、そこがいいんじゃないかと気に入っています。そう、子どもでいいんです。

理想は、10歳のころの自分のように生きること。打算も計算もなく、目の前にあるおも

しろいことに夢中になって、日が暮れるまで遊んで、「なんだってできるさ」と自信満々。とにかく今日を楽しむ。いやなことがあっても明日には忘れる。10歳の男の子って、そんな元気な生き物です。

僕はここから先の人生を、お金を貯めることや、もっと偉くて有名な肩書きを得ることを目標に過ごしたいとは一つも思いません。

自分がたしかに通過した、けれどいつの間にか、どこかに置いてきてしまった「無邪気な少年」をもう一度、自分の中で育てていこう。このコンセプトが決まった瞬間から、僕の視界は明るく、毎日が楽しくなりました。

二度目の人生がはじまるセカンド・バースデーを祝おう

たとえば、50歳という節目をこんなふうに考えてみてもいいかもしれません。

49歳までの人生とは別物の、まったくあたらしい人生がはじまる「二度目の誕生日」。

セカンド・バースデーって、ちょっとすてきな響きではありませんか。生まれ変わりと言ってもいいかもしれません。

人生は一度きり、とは言われるけれど、実はその人生が生まれてから49歳までの「前編」と、50歳から死ぬまでの「後編」の2段階方式だとイメージしてみたら。

なんだか「一粒で二度おいしい」みたいで、前向きな気持ちが湧いてくると思うんです。

今までの延長で1年ずつ歳を重ねるのではなく、もう一度あたらしく生まれたと考えてみるだけで、「こんなことをはじめてみようかな」と発想が広がって、心と頭が解放されていく気がします。もちろん、これまでの反省や後悔もあるにはあって、でも、それを踏まえてのあたらしい自分になる。

セカンド・バースデーから数えるとしたら、60歳はまだ「10歳」、70歳でようやく「20歳」です。

もちろん、体に無理をさせてはいけないけれど、心をピカピカに若返らせることは自由なはずです。

そう、心は無限大な自由。この自由を満喫できる大人がたくさんいる社会のほうが、僕は好きだし、そんな社会の登場人物でありたいと思います。

少なくとも社会の荷物にならないためにも。

軽やかに、過去を手放す

人生の物語を「前編」と「後編」に分けるとすれば、後編は「前編の続き」という位置づけになります。前編のすじを引き継いで、後編の物語が描かれるというのがふつうなのかもしれません。

でも、僕はあえて前編とは切り離したまったくあたらしい物語を描いていきたい。

過去の経験や実績と呼ばれるもの、他者から期待され評価されてきた役割とは切り離した、まっさらな構想から生まれるシナリオを描いていきたいのです。

僕の場合、これまでやってきた仕事の中では、9年続けた『暮しの手帖』編集長という肩書きを知ってくださる方が多いようです。

辞めてだいぶ年数が経った今でも「メディアや雑誌をつくってくれませんか」というリクエストをいただけるのは、素直にありがたいことだなと思います。思いながらも、そうしたオファーはあたらしい試み以外丁重にお断りしています。

はじめて出会った人への自己紹介や、人前でお話しする場面で、自分から「元『暮しの手帖』編集長です」と名乗ることもありません。なぜなら、僕はできるだけ「過去の自分」に頼りたくないからです。

ストイックな生き方を決め込んでいるわけではなく、ただシンプルに「これまで経験したことがない、もっとあたらしいことにチャレンジしたい」という好奇心によるものです。

過去の自分を頼りにする生き方をしていると、あたらしい出会いやお誘いにはなかなか巡り会わなくなるでしょう。自分にとって簡単なことしかやらなくなってしまうし、そういう取り組みの繰り返しは退屈でしかありません。そんな日常を想像するだけで「つまらないな」と感じてしまうのです。

もちろん、「やったことがある得意なこと」「周りからある程度評価してもらえること」を選ぶほうが、失敗する確率は少ないですし、はじめるときのストレスも少ないのは重々承知です。あたらしいことをはじめるには、ずいぶんと勇気が要ります。

でも、慣れていることを繰り返しても、どうしてもおもしろいと思えない自分がいます。過去の経験にしがみつくのではなく、「ちょっと役立てる」程度の感覚で活かすくらいがよいと思います。

年齢を重ねるほどに、「ベテランの職人」になるのは簡単。でも、僕はいくつになっても「不慣れな新人」でありたいと思います。ドキドキワクワク、ハラハラしながら、おろおろしながらの小さな冒険を繰り返していきたいのです。

「最年長の新人」になってみた

自分ごとを少し。

僕の「後編の物語」はある出会いによって、急展開を迎えました。『暮しの手帖』編集長という立場から離れて、まったくあたらしい世界へ飛び込んでみようかというプランが浮かびはじめたのが49歳のころ。向かう先は「インターネット」と決めていました。これまで培った知識やスキルが通用しない、けれどこれからの世の中を大きく変える可能性があるあたらしいコンピューターテクノロジーに興味があったのです。

そんなとき、ある方から突然、連絡がありました。料理レシピサービス「クックパッド」を創業し、当時アメリカを拠点にしていた佐野陽光さんでした。

佐野さんは一時帰国するタイミングで「会って話をしたい人」を考えたときに、著名なアニメ映画監督と僕の二人の名前を思い浮かべてくれたそうで、光栄にも連絡をいただけたのでした。

乃木坂のウエストでお茶を飲みながら、ずいぶん長く他愛のないおしゃべりをしたと思います。佐野さんは、料理を楽しみにする人を世界中に増やしたいという創業時からの想いを熱く語ってくれましたし、僕は僕で、これからの暮らしのありようや、本当の意味での豊かさについて思うところや自分が投げかけたい問いについて、肩の力を抜いて話をした記憶があります。

すっかり打ち解けて帰り際、佐野さんが「ところで松浦さん、これからどうするの?」。僕は包み隠さず、「実は近いうちに『暮しの手帖』から離れて、インターネットについて勉強しようと思っているんです」と打ち明けました。すると、佐野さんはニコッと笑顔を向けて「だったらうちでやれば?」と提案してくれたのです。

たしかに、そのころのクックパッドには優秀なエンジニアが集まっていましたし、最高の〝学舎〟であることは間違いないと直感しました。

とはいえ、あまりの別世界に対する不安や恐れは拭えません。毎朝、最新のインターネットについての勉強会などに通い続けて、最低限の基礎知識を得ることで、なんとか気持ちの焦りは収まったように思います。

それから8か月後の2015年3月31日に、暮しの手帖社を辞めた僕は、翌日の4月1日からクックパッドの〝いち新入社員〟としてデビュー。ピカピカの新卒社員と一緒に並んで、中途採用の僕も入社式で自己紹介する時間をいただきました。このときとにかく「特別扱いしないでほしい」とお願いしてのことです。

「僕はここの世界ではまったくの素人ですから、いちから学ぶつもりです。皆さんより多く経験したことは、なんでも話しますので遠慮なく聞いてください。その代わり、僕も皆さんにたくさん聞きますので、勉強させてください」と。

クックパッドのようなあたらしいベンチャー企業の中で、僕は堂々、最年長の社員でした。とはいえ扱いに困った末、所属先は社長室付け。席は、新入社員ですからドアにいちばん近い端っこです。ドアの近くですから行き交う同僚の皆さんにできるだけ自分から声をかけたり、挨拶をしたりして、自分からコミュニケーションを図りました。

はじめのうちは、20代やベテランのスーパーエンジニアたちの会話に全然ついていけず、専門用語を聞き取るのにも必死な日々。自分よりも一回りも二回りも若い同僚に頭を下げて、「インターネットとはどういうものなのか」と聞き、エンジニアの間で流行っている最先端のプログラミングについて教えてもらっては、「へぇ〜！」と感心してばかりでした。

一方、彼ら彼女らにとって、『暮しの手帖』をはじめ僕が歩いてきたキャリアは未知の世界。僕の過去の肩書きの意味もよくわかっていなかったはずで、だからこその心地よさを感じていました。

僕がエッセイを書いたり、コンテンツをつくったりしてきた経験者だとわかると、興味をもってくれた人も結構いて、毎日のようにランチに誘ってもらい、いろいろな話をしました。クックパッドもコンテンツメディアの発信をしていたということもあって、僕も少しは役に立てるようでうれしく感じていましたが、それ以上に「あたらしいことを学べるよろこび」を浴びる毎日でした。

その後、クックパッドでの働き方は変わりましたが、あのときに思い切ってジャンプしてよかったなと、今でも思います。

自分の道を選ぶ原点は高校時代の渡米

なぜ、そんなに軽やかに、未知の世界に飛び込むことができるのかと、よく聞かれます。思い当たるのは高校時代の転機です。

僕は高校に通いながら、なんてつまらない日常だろうと絶望し、勉学に身が入らず、その末に「学校を辞めて、アメリカに行く」という決心をし、実際にアメリカに渡るという経験をしました。

あてもない異国の地で単身暮らすなんて、無謀と思われるかもしれませんが、当時の僕は「そこにはもっと楽しい何かがある」と信じていたし、その道を選んでなんとかやっていけるだろうという希望をもっていました。

学校に通って決められたカリキュラムを勉強するよりも、外国で暮らすことから学ぶという選択肢のほうが、よりリアリティを感じられたのです。あたかも冒険のように。

目の前に差し出された選択肢よりも、自分にとってよりよいと思えるあたらしい選択肢を見つけにいこうとしたのが17歳のときでした。

もちろん楽しいことばかりではありませんでしたが、大変な苦労も含めて貴重な勉強になりました。誰に管理されることなく、毎日、何をどのように、と自分で考え、自分で確かめ、自分で判断するという充実した日々こそが、最良の学びであると、自分自身が納得していました。

結果として、僕には世間一般で評価されるような学歴もなければ、立派なキャリアの足跡もありません。

ただ、ほかの人は選ばなかった、いや、歩まなかった道を選んだことで体験できた出会い、見てきた風景やにおい、そんなオリジナルな宝物がずいぶんと集まりました。

そして、それを言葉にして、文章にして表現してみると、意外にもたくさんの人が興味をもってくれた。表現という名のアウトプットを次から次へと続け、いつしか「エッセイスト」と名乗れるほどの自分になったし、さらにそこから広がる出会いのおかげで、身の丈以上の経験のチャンスにも恵まれた。これは僕にとって、大きな成功体験であり、社会との関係づくりになりました。

与えられた道の向こう側を、身を乗り出してのぞいてみて、ほかの人が選ばなかった道を選んでみる。その先には、何が起きるかわからないおもしろい人生が待っていた。

10代の思い切った決心から得られたこの確信が、きっと今の僕を突き動かしているのでしょう。

ストレッチの効用
自分の可動域を広げよう

自分の得意なことや不得意なことは、だんだんとわかってくるもので、だから「ここから先はできっこない」と自分で自分を制限する知恵を大人は、いつの間にか無意識に身につけていきます。

「10歳の少年」に戻ろうと決めた僕は、この「ここまで」という型のようなものをできるだけ取っ払おうと、いろいろなあたらしいトライをはじめるようになりました。

たとえば、その一つが、ストレッチの習慣です。

僕は若いころから体が硬くて、前屈や開脚の動きが大の苦手でした。体が硬いことによって、生活に困ったことは特段なかったけれど、「硬い体をいつか柔らかくしてみたい」という夢のような憧れに近い願望はずっともち続けていました。

そこで、一念発起です。50代ではじめてストレッチ専門のパーソナルトレーナーさんにお願いして、週に1回、2時間じっくりと関節と筋肉を動かし、縮こまった体を伸ばすトレーニングをはじめました。

トレーニングといっても僕はされるがままで、トレーナーさんが僕の体の状態を見ながら肩関節や股関節を動かしてくれます。

僕の二回りほど若い爽やかな男性のトレーナーさんに身を任せるだけで、自力ではとても伸ばせなかった位置まで、腕が上がったり、脚が伸びたりするので、僕は本当に驚きました。

さらにびっくりしたのは、まったくと言っていいほど「痛くない」こと。硬い体を伸ばすのだから、きっと激痛が走るのだろうと覚悟していたのですが、むしろ心地いいくらいなのです。

ストレッチをしながら、トレーナーさんが教えてくれた話がとても興味深いものでした。

「体が硬い原因の大部分が、〝脳の思い込み〟なんですよ。本当はもっと動かせるのに、子どものころからのいろいろな経験、たとえば怪我などから『これ以上は動かせない』と脳が決めつけているから、動かそうという意識が働かなくなって、体も動かなくなる。だから、『本当はここまで動くんだよ』と体に新たに覚えさせてあげたら、脳の思い込みも〝上書き〟されるんです」。

とても説得力がありました。僕の体は最初から硬いわけではなかった。自分自身がそう思い込み、動きを制限させていただけだったとは、目からうろこでした。

同時に、すごくワクワクしました。「自分にはできない」と思い込んでいるだけで、実はできることってまだまだあるんじゃないか。

自分の可動域は、もっと広げられる。もっと広げていこう。

これからの僕を支えてくれるあたらしい気づきでした。

体が変われば心も変わる
空も飛べる自分へ

ストレッチによって、体の可動域が少しずつ広がる体験をしたことは、すてきな副産物ももたらしてくれました。

それは、体だけでなく心にも、自分ならではの可動域はあるのだろうという気づきです。

体の硬さよりも自覚しにくいかもしれませんが、年齢を重ねると心の柔軟性も少しずつ損なわれ、可動域が狭くなり、こり固まってしまう人は多いと思います。

いろいろな人生経験から「こんなことは自分にできっこない」「これ以上はむりだ」と自分で自分に安全ブレーキをかけて、傷つかないようにする。あるいは、本当はできることなのに周りの目を気にして諦めたりするうちに、「思い切りアクセルを踏まないほうが賢い」という保守的な知恵が身についていくものなのかもしれません。

そうした経験による学習が、いつの間にか、自分の「心の可動域」を狭めてしまうのでしょう。


もしもあなたが10歳の少年少女だったら、どうでしょうか。

僕の10歳時代を思い出すと、心の可動域は無限大でした。「僕はなんだってできるはず」という全能感にあふれていて、道があればぐんぐんとどこまでも進もうとしたし、危険を顧みず、飛んだり跳ねたりの毎日でした。やりたいことはなんでもやれると信じていたのです。


ということで、50代からはじめたストレッチによって「体の可動域」を広げられたように、きっと「心の可動域」も意識づけで広げられるだろうと、僕は期待しています。

「あれもむり、これもむずかしい」から、「あれもやってみよう、これもできるんじゃないか」へ。

10歳のころには毎日味わっていた、できなかったことができるようになる楽しみや、知らなかったことがわかるようになる楽しみを、58歳になった僕が取り戻したらどこまで行けるんだろう。

人に迷惑をかけるほどの無謀はしないけれど、成熟した大人であっても、毎日成長して、毎日変化して、毎日あたらしいことに出会える日々を、僕は諦めたくないし、「きっとできる」と心の底から信じているのです。わんぱく人生のスタートです。

プロジェクトをはじめる

Part 2

HOW/plan

人生後編のシナリオは「自分を知る」ことから

あたらしい物語をつくっていこう、と突然言われても、何をどうしたら？　と戸惑う人も多いかもしれません。

僕がまずやってみたのは、「自分を知る」というステップでした。

あたりまえですが、自分という人間は、人生でいちばん長くつきあってきた相手です。にもかかわらず、案外その本質を理解していなかったり、理解しているつもりでもその根拠となる情報が古びていたりするものではないでしょうか。

また、そもそも自分に対して関心を向ける余裕すらなかったという人もいるはずです。

所属している会社や、家族や、地域などからのいろいろな期待に応えたり、役割を果たしたりすることにせいいっぱいで、自分を見つめる時間をほとんどとれなかったことに、たった今気づいた人もいるでしょう。

だからあらためて、背筋を伸ばして、「自分を知る」という作業をやってみることをおすすめします。

では、どうしたら？　僕が思いついた、ちょっとユニークな、でもきっと最適だと思う方法を紹介します。

過去の恋愛をすべて書き出してみる

自分がどういうものが好きで、どういう癖があって、どういう人とかかわってきたのか。「自分を知る」ためにいちばん手っ取り早いのは、過去の人間関係を一つひとつ思い出す作業をしてみること。これは僕が実際に試してみてわかったことですが、案外、自分の身に起きたできごとを忘れているものなんですね。

自分の「らしさ」は、人間関係にもまれて浮き彫りになっていきます。人間関係の中でもとりわけ色濃く自分をさらけ出すことになるのが、「恋愛」でしょう。

そこで、僕はティーンエイジャーになってから出会った恋の相手を順に思い出して、時系列で書き出すという取り組みをまじめにやってみたのです。

片想いを寄せた人、はじめてつきあった人、好きになってもらったけれど友だち以上にはならなかった人、すれ違ったまま縁遠くなってしまった人。

うっすらとした記憶をたぐり寄せながら、それがいつのできごとだったのか、順番を整理していくと、ちょっとした勘違いや記憶違いがいくつも見つかったりして。でもそのすべてが、たしかに僕の人生にかかわってくれた人たちの記憶なのでした。

さながら「年表」のようなものができあがるころには、僕の心はほかほかと温まっていました。

僕はこれまでいろいろな人とかかわって、好意をもらったり手渡したりしてきたんだな、という幸福感に包まれたのです。

それから、恋愛に限らず、お世話になった先生や同僚、友人、通りすがりの人との一瞬の交流まで、「かかわりの記憶」を片っぱしから思い出すかぎり書き出してみました。

いちばん古い記憶では、乳母車に乗っていた僕に、知らないおばさんが笑いかけて小さなお菓子をくれたシーン。学校の先生から理不尽な理由で叱られた、といった嫌だった記憶もないまぜにしながら、とにかく思い出せるだけ書き出してみました。

そうやって見えてきたのは、「僕は僕一人で生きてきたわけではない」という事実。
楽観的な性格もあって、なんとなく自分の力で人生を渡り歩いてきたような気になっていたけれど、実は自分以外のたくさんの存在から支えられたり助けられたりして、ようやくここまで来たんだ。リアリティをもって、胸にすとんと落ちる感覚がありました。

すとんと落ちた後に、じわーっと広がったのは驚くほどに純粋な感謝。
「自分はこんなに人から与えられてきたんだ」という実感から、素直な感謝の念が湧いてきました。それとほぼ同時に、ごく自然に生まれたのが「ここから先は、自分からお返ししていかなきゃな」という気持ち。

なんとなく、僕は自分の人生が終わるころまでに、「与え過ぎ」でも「もらい過ぎ」でもない「プラスマイナスゼロ」の状態であるのが理想だなという考えがあるのです。
これまでの人生をふりかえったときに、「思っていた以上に与えられていた」と気づいてしまったからには、もっと積極的に自分から与える側になっていかないといけない。

僕に何かしてくれた人に直接会って恩返しをしにいくというわけではなく、もっとあたらしい形で。

自分自身が元気ですこやかに、ほがらかにきげんよく、出会う人たちと接しながら、自分の人生をおもしろがる。

そんな毎日を心がけるだけでも、世の中に何か小さな気づきを「与える」ことになるんじゃないかと思っているんです。

「プロジェクト」にすれば おもしろくなる

「自分の人生も、なかなか味わい深いものだな」

過去をていねいにふりかえりながら、これまでかかわりのあった人たちの顔や忘れていたできごとの記憶を呼び起こしていく時間は、「ここから先」を進むために大切なステップだと僕は思います。

ときには苦い思い出も掘り起こしてしまうかもしれませんが、それも含めて「自分の人生はこういうものだった」といったん立ち止まって確認することが、〝次〟を決めるベースになるはずだからです。

ひととおりのふりかえりを味わう時間を過ごした後、僕は自分にこう問いかけました。

「で、これからどうする?」

蓄積した過去の中で得たもの、得られなかったものを整理して、「残りの人生で、何を知りたいか? 何を経験したいか? どんな自分でありたいだろうか?」と考えてみたのです。「考えてみた」というと、いかにもむずかしく聞こえるかもしれませんが、向き合い方の感覚としては「プロジェクト」です。

松浦弥太郎という人間をこれからどんなふうに歩かせていくと、元気にはつらつと動けて、まわりもハッピーにできる存在になれるのか。

あたかも一つの「プロジェクト」として、コンセプトを決めて、プランを練って、アクションをしていく。

一歩引いた向き合い方をするだけで、なぜか肩の力が抜けておもしろがれるから不思議です。

決してストイックになる必要はなく、遊び心を忘れずに。

こうして自分のためだけに作戦を立てることもまた、きっとあたらしい生き方のコツなのです。

自分の中にたまっている「埋蔵量」を意識する

人生の後編の物語を、まるで少年のように元気に楽しく歩いていくには、単にがむしゃらに進むというわけにはいきません。

放っておけばどうしたって体力は衰えてしまうものですし、時間も有限です。

だから、自然体でむりなく、自分の持ち味を発揮できるものを賢く選ぶことが大事なのだろうと、僕は気づきました。


ただでさえ、これからはＡＩと一緒に仕事をすると言われる時代です。

正確さや速さを求められるような仕事のほとんどはＡＩに任せるようになるでしょう。

そんな時代の中で人が「自分の存在価値」を発見していくには、その人にしかできないことを活かしながら社会とつきあうという道筋を探すしかないのだろうな。でも、どうしたら「その人にしかできないこと」って見つかるのかな。

ぼんやりと考え続けていたらふと、思ったのです。もしかしたら、年齢を重ねることがアドバンテージになる時代へとどんどんなっていくのかもしれないと。

なぜなら、年齢を重ねるということは、それだけ長く生きているという意味であり、長く生きた分だけ経験の数やそれにともなう知識や技術の量も、ゆたかに積み重なっているという期待がもてるからです。

「これを身につけよう」と意識して吸収した知識・技術だけでなく、無意識に行動が向かって、いつの間にかたまっていったものもたくさんあるでしょう。

自分の中にたまっているものの量――「埋蔵量」を意識してみましょう。

たまっているものは何なのか。たとえば、自分という空間の中に、いくつものガラスの瓶が並んでいるとしたら、中身がいちばん多い瓶のラベルには何が書いてあるのか。

そのラベルの文字を発見することが、「自分にしかできない何か」との出会い（もう出会っていたけれど、真正面から出会い直すという感覚）となり、そこから先の人生を支えてくれるものになるのでしょう。

「年齢を重ねるほどに、何かしらの埋蔵量は増える」という気づきは、僕にとって大きな希望となりました。

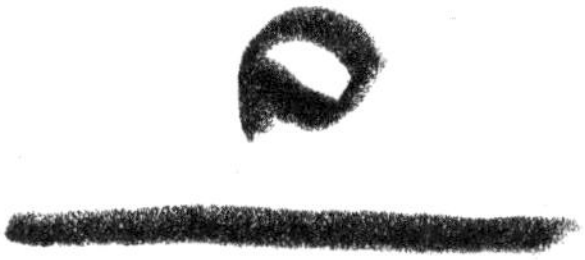

たまっているのは「感動」
子ども時代にヒントがある

じゃあ、埋蔵されているものの源ってなんなのか。

そう聞かれたら、僕は「たぶん、『感動』じゃないかな」と答えます。

仕事でも趣味でも、人は世の中にあるいろいろなものの中から、「かっこいい」「おもしろい」「なんてすてきなんだろう」と心動かされたものに対して、興味をもち、詳しく調べてみたり、さわってみたりと距離を近づけ、実体験を増やしていくものだと思います。

なんにも心が動かないものに対しては、そもそも関心が生まれないから、素通りするだけ。でも、感動がきっかけで体験がたまっていったものに関しては、やがて自分の言葉で語れるようになる。それが「埋蔵物」となって、時間を経るにつれてその量が増していく。

感動する対象は人それぞれで、「70年代のアメリカのロックミュージックについてなら何時間でも語れる」という人もいれば、「塩ラーメンの名店なら任せて」という人もいるでしょう。

あるいは部屋の奥に、子ども時代に夢中で集めたコレクションは眠っていませんか？ そう、子どものころに好きだったものは、大人になってもやっぱり好きであることが多いから、よいヒントになります。

本人にしたら、「こんなこと、ただの趣味で役に立つわけがない」と過小評価しがちですが、実はほかの人にとっては希少価値のある情報になる場合もあるのです。もしかしたら、それが仕事につながる可能性だってゼロではありません。

仕事にならなくったって、「感動を起点にした埋蔵量」がたっぷりある人は、会話の相手としてとても魅力的です。きっと、年上でも年下でもあたらしい友だちがたくさんできるでしょう。

「ほかの人はもっていない価値を、自分はたっぷりと埋蔵しているのだ」とわかっているだけで、これからの人生を歩くときの視界をずいぶん明るくしてくれるはずです。

あたらしいコンセプトを自分にプレゼントする

感謝の気持ちが生まれたり、自分が好きだったことを再発見できたり。過去の自分は、これからの人生を前向きに進む力をたくさん与えてくれます。

仮に後悔や反省の気持ちがまさったとしても、ここから先は「2回目の人生」。すっきりと切り替えて、あたらしい自分になってやろうという気持ちでいたらいいんじゃないかと思うのです。

大切なのは、セカンド・バースデーを迎えた先の人生を、まっさらなキャンバスに見立てて、自分の目の前に広げること。

そして、そこに描くあたらしい人生のための「あたらしいコンセプト」を自分の頭と心で決めること。

コンセプトを言いかえるとすれば、目標やテーマ、スローガン。人生の〝前編〟ではうまくできなかったけれど、今度こそやってみたい生き方は何か？　と自分に聞いてみて、何か一つ、仮にでもいいから決めてみましょう。

「外に出て、社交的になる」「食わずぎらいをやめる」「冒険をとことん楽しむ」、なんでもいいのです。自分の人生のあたらしいコンセプトを、自分で決めることが大切です。

考えてみれば、子どものころは親に守られ、大人になってからも世間や会社のルールに合わせて、気づけば長い月日が過ぎていた。僕たちは〝誰かのコンセプト〟に合わせて、一生けんめい、頑張ってきたのかもしれません。

もちろん、それはそれで、悪くない時間だったことも知っています。けれど、誰かから「こうしなさい」と言われたことを守って、期待に応える生き方はそろそろ卒業していいはずです。

セカンド・バースデーの記念に、あたらしいコンセプトを自分にプレゼントするという企画はいかがでしょうか。

あたらしいコンセプトをこの手ににぎりしめて、ゴールテープを切ると同時に、大きく一歩を踏み出す。

その足元には、まっ白なスタートラインが引かれているのだと、僕は信じています。

行動の整え方

Part 3

HOW/doing/basic

テクノロジーとなかよくなる

人生の後編をらくに生きていくために、僕が「こいつは絶対に欠かせないな」と思う友だちがいます。「テクノロジー」という友だちです。

もう世間で言い尽くされているとおり、ここ数年で起きたテクノロジー改革の進み具合は目をみはるものがあります。「人間の仕事のほとんどはＡＩにうばわれる」なんて、おどし文句のような言説もたびたび聞かれ、僕のまわりでも不安を感じている人は少なくないようです。

僕はというと、けっこう楽観的です。

むしろ、「これでもっとらくになるぞ」とちょっとワクワクしているくらいです。

たとえば、チャットに依頼を書き込むだけで、たまったデータベースの中からＡＩが考えて自動ですらすらとテキスト生成してくれる「ChatGPT」は、すでに僕の仕事の〝アシスタント〟としてとても有能に働いてくれています。

自分の心模様を繊細につづるエッセイなどの原稿は、もちろん自分の頭を使って書きますが、形式ばったご挨拶のメールの文面作成や、企画の項目を整えるときの壁打ちに、ＡＩアシスタントは大活躍です。

資料づくりや簡単なグラフィックなどは「ChatGPT」にアシストしてもらっているくらい、日常的に頼りにしています。「ChatGPT」以外にも画像生成のＡＩも、「こうかな？こんな感じかな？」といろいろ試しながら活用しています。

おおざっぱな表現にはなりますが、「僕がやらなくてもいい作業」はだいたい任せているイメージです。

この分担によって、僕は本当に心を注ぎたい執筆や構想に、よりじっくりと時間を使えるようになり、自分ながら「仕事の質が上がったな」と実感しています。

煩雑で事務的な作業はＡＩにお任せして、好きで得意な仕事に集中できるから、むだに疲れない。この「疲れない」というのが、とてもいいなと思います。

一般的に、「歳をとると、仕事の生産性は下がる」と言われますが、テクノロジーを味方につければその真逆の効果が得られます。

「まだまだいろいろなことができそうだぞ」と、未来を明るく描ける余白を手に入れるために、これからもテクノロジーとはなかよくつきあっていこうと決めています。

あたらしい情報にアンテナを張る

最先端のテクノロジーとなかよくなるには、まずその存在や、それが何者なのかを知るきっかけをもつことが大前提になります。

つまり、情報のアンテナを張っておくこと。

あたりまえではありますが、日ごろから意識をしておかないと、意外と素通りしてしまうものです。

情報源はいろいろとあると思いますが、僕の場合はテクノロジーやサイエンスについての記事を読める海外のニュースサイトやポッドキャストを登録してチェックしていたり、そうした情報に詳しい人のX（旧Twitter）のアカウントをフォローしたりして、あたらしい情報が自分の目にふれるようにしています。もちろん、読書も習慣にしています。

今の時代は、情報がたくさんあふれているようで、「はっと気づけば、すごく狭い範囲の情報に囲まれて暮らしていた」という事態になりかねない時代です。

残念ながら、他人をだます意図でつくられたフェイクニュースやにせものの広告による詐欺事件も起きています。一見もっともらしい情報であっても、「誰が、どういう根拠で発信しているのか？」と冷静に見きわめる癖をつけることが、これからの時代を安心して生きていくきほんになるのでしょう。

あたらしい自分を育てていくためにも、新鮮で信頼のおける情報源にアンテナを張って、日常的にふれてみる。

そして、ちょっとでも試せそうなものがあれば、実際にさわってみる。自分の日常に生かしてみる。「自分には関係ない」と遠ざけるのではなく、自分から近づいてみる。

そんな意識をもつことがとても大切なのだと思います。

アウトプットする

「アウトプット」は、ここ10年くらいで聞かれるようになった言葉です。「インプット」という言葉は昔から時々見聞きしていたけれど、「アウトプット」の登場は比較的最近のことです。

この「ずれ」は、日本では長らく「インプット重視」の教育がなされてきた背景の表れではないかなと僕は感じています。

学校でいい成績をとるためには、教科書に書かれたことを正確に覚えて、正確に答案用紙に記入する能力を伸ばす必要があったし、暗記力が高い生徒ほど定期試験や受験で成功するというパターンを見てきたことが、おそらく日本に暮らす大人の共通体験。

一方で、アメリカやヨーロッパでは、学校にディベートの授業や演劇のワークショップがあることがふつうなので、自分が考えた意見を人前で発表や発信する練習を、子どものころからみんなが体験している。だから、大人になっても人前で堂々と自分のアイディアを発する「アウトプット」の行動を自然とできるのだと思います。

つまり、僕たち日本人はこれまであまりにも「アウトプット」に対して経験が浅く、不慣れなのだということ。

この自覚を出発点として、身につけるべきは「アウトプットをしよう」と積極的にトライする姿勢です。

フェイスブックやX、インスタグラムやnote、YouTube、ポッドキャストなど、誰でもいつでも自由に世界中に発信できるツールはあっという間に広がりました。これらはまさに「アウトプット装置」です。

この装置をどれだけ使うかは個人の自由。年齢も性別も関係なく、誰でも自由に使えるのだから、「使う人」「使わない人」でかなりの差がひらいていくはずです。

仕事上でも「アウトプット」の機会は増えていると実感しています。どんな企業に勤めていても、「この仕事の成果を社外に向けて発信しましょう」といったやりとりは増えているのではないでしょうか。

今後は「発信力」というスキルが、「英語力」「会計」のように〝きほん〟として求められるビジネススキルの一つになるのではないかと僕は思います。

はじめからうまくできなくても、へたでも大丈夫。

だって僕たちは、子どものころから訓練されていないんだからしょうがない。開き直って、10歳の子どもみたいに勇敢にチャレンジしたらいいんだと思います。

アイディアの発信から仲間が集まる

アウトプットと言われても、何を発信したら？

答えはかんたんです。自分が興味をもって考えて「こんなことができたらいいな」と思いついたアイディアを発信するのがいちばんいい。

気心の知れた友人知人にそっと打ち明けるのではなく、世界中の見知らぬ人たちに向かって、堂々と自分のアイディアを表明してみる。きっと使うべき言葉や表現方法にも、ちょっと工夫が必要になるでしょう。

慣れるまではドキドキするかもしれませんが、思い切ってアイディアをアウトプットしてみると、共感してくれた人が友だちになってくれたり、支えてくれる仲間になってくれたり、結果として問題が解決したりと、いろいろな動きがぽこぽこと生まれてくるはずです。

プラスの反応だけでなく、「否定派から非難される」なんて反応もあるかもしれません。でも、ネガティブな他者の意見にさらされることは、これからの時代に避けられるはずもなく、少しずつ「耐性」や「免疫」をつけることも、僕たちに必要な生きる術なのだと思います。

多少のリスクを引き算したとしても、アウトプットには人生を大きく前進させるパワーがあります。

典型的なのが、アマゾンを創業したジェフ・ベゾスのエピソード。ビジネスのアイディアを思いついた彼が、60人の投資家に対してプレゼンをしたことで、ようやくたった1億円ほどの創業資金を得たという有名な話です。

若きベゾスが、勇気を出して60人の前でアウトプットしなければ、今の世界にアマゾンは存在していなかったかもしれないなんてドラマティックです。

壮大なビジネスの構想である必要はなく、趣味の活動でもいいと思います。なんでも「こんなことをはじめてみたい」とアウトプットしたアイディアがきっかけで、想像以上の大きな一歩を踏み出せる可能性は少なからずあります。

アイディアが少しでも実現に向けて進めば、必要な知識やスキルを学ぼうと意欲も湧くし、あたらしい日常が生まれることで心も元気になっていく。

アウトプットを起点にして健康的なサイクルが回りはじめる、というイメージが僕にはあります。


胸を張って、声を張って、自分のアイディアを表明して、まわりの人たちに伝える力。

大人も子どもも、これからの社会を楽しく歩く要素の一つになると思います。

60000

リスクをとって ゆたかになる

世の中には2種類の人がいるのだと、最近つくづく思うようになりました。

「リスクを歓迎する人」と「リスクを避ける人」の2種類です。

そして、この違いは決して年齢に関係なく、あらゆるコミュニティの中で二分されるのだということも、若い人たちに囲まれて仕事をするようになってから実感しています。

僕はというと、子どものころから前者で、特に意識しなくても自然と「ちょっとあぶなっかしいけれど、おもしろそうな冒険」を選ぶタイプの少年でした。

人生初の大きなリスクテイクは、高校を辞めたことでしたが、その決断によって人とは違うユニークな経験や学びを吸収できて、その後の世界も広がったという「成功体験」として自分の中に記録されています。

だから、大人になっても「ハラハラドキドキする道を選ぶほうが、自分にとっては正解」という確信をもてるのでしょう。


リスクをとるということは、つまり「未知の世界」へ踏み出すということ。

反対に「リスクをとらない」というのは、すでによくわかっている「安全圏」にとどまりたい意識の表れではないかと思います。

どちらかが正しいと決まっているわけではありません。肝心なのは、自分がどちらのタイプか自覚したうえで「やっぱりわたしは今はリスクをとりたくないから、冒険せずにここにいよう」「わたしは思い切ってチャレンジしたい」と〝選ぶ〟ことなのだと思います。

なんとなく流されるのではなく。


ただし、ここに書き留めておきたいことが一つ。

僕自身の体験から、また、まわりの人たちの生き方を長年見てきて得た「仮説」のようなものがあります。

リスクをとることは、一見、失敗や損失のイメージとも結びつくかもしれませんが、実は「リスクをとった人にしか得られない果実」は大きい。

仕事をいったんリセットして転職や起業をするのもリスクをとる行動ですが、成功したときのリターンは大きくなります。しかも、そのリターンは複利のように時間が経つにつれてふくらんで、人生にゆたかさをもたらすのです。

僕自身は、これまでハラハラドキドキしながらリスクをとってきた足跡が、自分の人生にユニークな色合いを添えるゆたかさへとつながりました。そして、出会える人や環境の幅もぐんと広げてくれたという感覚をもっています。

そもそも今の世界を包みこんでいる資本主義の前提が、果敢にリスクをとってチャレンジする人に味方する仕組みになっているのだろうとも思います。

無謀なギャンブルとはちゃんと区別しなくてはいけませんが、結果として、リスクをとってきた人のほうに富が集中しやすくなる現象が起きているように思えてなりません。

リスクをとって成功した起業家の製品を、リスクをとらなかった人たちが買って使う。変な言い方かもしれませんが、「リスクをとらなかった人」の富が「リスクをとった人」に吸収されていくような構図がたしかにあるのです。

それに、世の中に「絶対の安定」はあり得ません。

どんなに大きな会社でも、永続は約束されていないし、いつ何が起きるか保証はないと考えたら、「リスクをとって動くことこそが、最も安定する方法」という解釈もできます。

リスクテイカーほど安定する、なんてふしぎなパラドックスですね。

僕は勇気をもってこれからも、ハラハラドキドキしながらリスクをとってみようと思います。

何歳になってもあたらしいことに挑戦できる自分であり続けたいからです。僕にとってリスクテイクは、いつでも動ける自分をキープするための「アイドリング」みたいなものかもしれません。

行き詰まったら「行動の量」を増やす

行動の量を増やせば、たいていのことは解決する。

これは、僕の「行き詰まりだらけの人生」の中で得た、一つのゴールデンルールです。

「行き詰まりだらけ」という表現は決して大げさではなくて、あたらしいことに好奇心をもってリスクをとって進んでいくと、たいていうまくいかず、立ち止まって考え込む場面の繰り返しだったのです。

大人になってからも、今でも、「なんだか最近、うまくいってないな」と停滞するときは決まって「行動の量」が減っているとき。

人に会いに行く頻度が落ちていたり、本を読む時間や絵を観にいく時間を十分にとれていなかったり、いつもより行動できていなかった自分に気づくのです。

逆に言えば、行動の量さえ増やせば、自分の世界はふたたび動きはじめて、停滞を打開できるパターンは多い。行動は、停滞の特効薬になってくれます。

スランプにおちいったとき。自分を変えたいと思ったとき。自分の殻をやぶりたいとき。仕事で成果を出したいとき。あたらしい出会いを求めるとき。

自分をまるごと変えようなんて覚悟を決める必要はなくて、ただいつもの行動の量を増やすだけ。それだけで解決できるんだよと、困っている人には伝えたいです。

移動の距離は感動の量を増やす

行動の量を増やすのと比例して伸びていくのが、「移動の距離」です。

生まれてから今日まで移動してきた距離を測った人はいないかもしれないけれど、実際に測ることができて比べることができたら、けっこう人によって差が出そうだなと思います。

おそらく、リスクをとっていろいろなことに挑戦してきた人の総移動距離は長くて、安定志向の人のそれは短いのではないでしょうか。

僕は決して自慢できるようなキャリアを歩んできたわけではないけれど、移動の距離だけは少し人より長いかもしれません。

日常的にもフットワーク軽く出かけるほうですし、旅も若いころから好きでした。

オンラインコミュニケーションが普及した今は、家にいながら誰とでもつながれる時代だし、現実と見まごうほどのきれいな映像で世界中の街を散策することもできますが、やはり自分の足で、自分の目で、耳で鼻で舌で、ふれた風景の鮮烈さにはとてもかなわないと思います。

移動の効果について僕なりの説を唱えるとすれば、移動の距離を延ばすことは自分の内面の成長や夢の実現にまでつながっているのだろうなという確信めいたものがあります。なぜなら、移動をすると必ずと言っていいほど、「あたらしい出会い」があるからです。

人に限らず、知らなかった風景や音楽、空気感。ふしぎなことに、移動の距離が長いほどに宝物のような貴重な出会いが待っているという法則があります。

自分の人生の時間や労力、お金をかけてわざわざ移動するからこそ、「せっかくだから吸収してやろう」と貪欲になれるし、自分の外側についたレセプターみたいなものが敏感になるのでしょう。

結果、感動の量も増えていく。ここまでにお話ししてきた「埋蔵量」がたまっていくことになります。

自分の中にたまった感動の蓄積は、やがてオリジナルのアイディアになります。行動の量、移動の距離を増やすことで自然とたまっていく感動や好奇心が、アイディアの材料となり、あたらしい仲間を呼び込むアウトプットにもやがてつながるでしょう。

昨日よりちょっと行動を増やしてみる。ちょっと遠くまで歩いてみる。「これくらいでいいや」と思わずに、意識的に行動を広げていく。

ハラハラドキドキを忘れない冒険心を、僕は人生の後編の「持ちものリスト」のいちばん上に置いています。

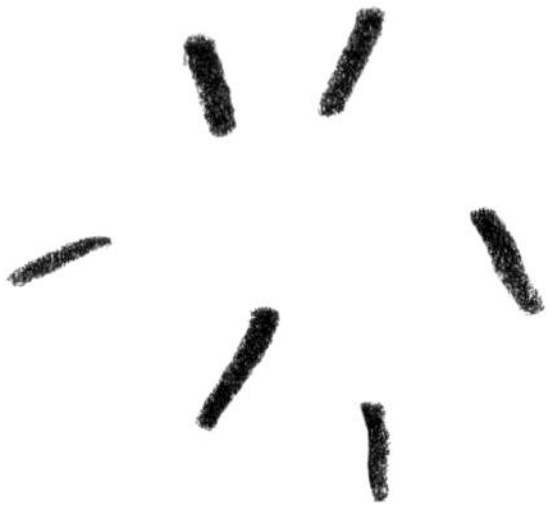

習慣のつくり方

Part 4

HOW/doing/daily

暮らしのリズムをデザインする

習慣の力は偉大です。

人生の後編を少年のように元気に歩いていくためには、すこやかな心と体を保つことがとても大切。そして、心身のすこやかさの基盤になるのが、毎日の生活であり、暮らしです。

心身のコンディションが最も快適な具合に落ち着く「暮らしのリズム（習慣）」を、自分自身でつくって定着させていく。

世間一般でいわれている「常識」や、有名な誰かがすすめる「型」ではなくて、自分で好きなように暮らしのリズムをデザインする。

子どものころには学校が日常の中心にあって、大人になってからも会社で働くリズムに合わせて自分の暮らしのリズムもつくってきた人が大半ではないかと思います。

「日常のきほん」を自分の手に取り戻して、「さて、どうする？」と一から考え直してみるのは、なかなかおもしろい時間になります。

若いときのほうが多少のむちゃをできる体力はあるかもしれませんが、いろいろな経験を経て歳をとってからのほうが、「すこやかに過ごすための知恵」は身についているはずです。それも万人向けの知恵というより、自分のベストコンディションを保つための、自分による自分のための知恵です。

30年、40年、50年と生きてきたら、「これさえ守れたら、だいたいうまくいくな」というポイントをなんとなくつかめていると思います。そのポイントを中心に暮らしのリズムを設計してみるのがおすすめです。

僕の場合は、「夕食を食べる時間」がポイントでした。

食べることは大好きだけれど、あまり遅い時間までおなかを動かすと翌日の調子が悪くなる。これが自分の「特徴」なのだと、長年の経験からわかってきました。

そこで、心と体のすこやかさを保つために「夕食を5時に食べる」という法則を決めました。そしてこの法則を毎日守ることを自分に約束して、これを中心としてその前後の過ごし方も考えてみたのです。


結果として定まってきたのが、こんなルーティンです。


朝は、6時前に起きて10キロのランニング。軽くパンの朝食をとって、8時ごろから仕事にかかる。

昼も軽めで、3時にはコーヒーとクッキーを1枚。仕事がどんなに忙しくても5時には切り上げて、ゆっくり夕食をいただく。

6時ごろに食事を終えたら、はらごなしの散歩を1時間。途中で翌日の朝食用に380円のクロワッサンを買っておく。

だいたい7時に帰宅したら、おふろに入って、本を読んだり体を伸ばしたりしてくつろいで、10時半にはベッドへ。


決してストイックではないけれど、自分のコンディションをいい状態に保つために崩したくない大切なリズムです。

「夕食を5時に食べる」を崩さないと決めると、そこから逆算して、仕事の予定、昼食や朝食のタイミングも決まりました。

「暮らしのリズム」が維持できていると、人生の土台がどっしりとタフになって、かえって心が自由に遊びはじめるような感覚があります。

なんとなく、ではなくて、きちんと約束を立てる。

自分にとってベストなリズムが定着すると、むりなく疲れず、毎日を重ねられます。

ぜいたくするなら住環境

よいコンディションを保って、むりなく生産的な毎日を送るために。「暮らしのリズム」と同等に、僕が大切にしているものが「住環境」です。

大人になって、ある程度の安定した経済力をもったときに、何にいちばんお金を使ったらいいのかと聞かれたら、僕は間違いなく「住まいとその環境」と答えると思います。

日々の多くの時間を過ごす家とその周辺の環境が心地よく、安らげるものであるかどうかは、内面のやさしさや落ち着き、ユニークな発想を生むクリエイティビティにも深くかかわるものだと実感しています。

住環境の何にこだわるかについては十人十色。「高層階から街中を見渡せる景色」「ガーデニングを楽しめる庭」「心ゆくまで料理に没頭できる広いキッチン」など、一人ひとり異なる答えが返ってくるでしょう。

僕が住環境を見直そうと決めて引っ越し先を探していたときには、いちばんこだわりたかったのは「余白と静けさ」でした。

天井が高く、広く空間を使えるリビングルームがあること。

そして、周辺には散歩コースにぴったりの静かな小道があって、お店よりも図書館や公園が近くにある落ち着いた雰囲気の環境がいいなと思い、そんな住まいを選びました。

静かで落ち着ける家の中では心おきなく思考に深くもぐれるし、目の前の空間にゆとりがあるほど、発想も広がる気がするからふしぎです。

僕の家はすごく広い豪邸ではありませんが、住空間の中にはできるだけ物を置かないようにして、限られた空間にできるだけ余白をもたせています。何ごとも工夫次第です。

日中は仕事や用事で出かけることも多いのですが、朝や夜の大切な時間を長く過ごすのはやはり住まいです。

住環境を心地よく、ストレスなく、リラックスして過ごせることで、心身のコンディションがつねによい状態に保たれて、日々の仕事の生産性も上がります。

エネルギーが消耗されるのではなく充電され、先々のことまで考えられるゆとりも生まれます。

もしも住まいが居心地の悪い環境だったら、疲れがとれずに、心もささくれだって、「10年後はこんな冒険をしたいな」なんてのびのびと計画を立てることもままならないでしょう。

この差は本当に大きく、シビアです。

今日の調子がよければ、明日はもっとおもしろい出会いにつながるチャンスがある。

毎日の暮らしを支える住環境を整えるだけで、心身が若返り、〝複利効果〟で人生は満たされていく。ちょっと大げさに聞こえるかもしれませんが、日々の暮らしにもとづく僕の実感です。

1日の予定は2つまで

空間にゆとりをもたせるのと併せて、時間にもゆとりをつくる。これも大事な心がけです。

若いころは頑張って過密なスケジュールをこなしていましたが、つめこみ過ぎるとかえって生産性が下がるということも学んできました。

自分との約束事として決めているのは「仕事の予定は、1日2件まで」。

午前に一つ、午後に一つで、間に準備や連絡の作業に取り組めるくらいのペースが理想です。

これが3つになると、だいぶ気持ちが急かされるし、4つも詰めてしまうともう限界。

頭も疲れ切って、集中して深く考えることができなくなってしまうんです。

3つめ、4つめの予定が入りそうになったら、特別な事情をのぞいて先送りの調整をします。

スケジュールに余白を生むと、一つひとつの会議や打ち合わせに向けて、きちんと準備をしたり、事後にふりかえりをしたりする時間ができます。

ちょっと角度を変えたアイディアも浮かぶ余裕が出てきます。

ゆとりはかえって成果を生むことを知ってしまったから、もう元には戻れません。

週1日はブランクデー

1日のスケジュールに余白をもたせる習慣を身につけたら、次に試してほしいのが「1週間のスケジュールに余白をもたせよう」という作戦です。

カレンダーどおりに過ごせば土日が休みになるんだからいいんじゃない？　と思われるかもしれませんが、僕が言いたいのは「平日のブランクデー」です。

週に1日、できれば週の半ばの水曜日あたりの1日を、思い切って「予定なし」の1日にしてしまうのです。

この発想のきっかけは、たしかアメリカの雑誌でたまたま目にした記事でした。

「ホワイト・スペース・ウェンズデー」。水曜の欄は空白に、と提案するタイトルのコラムを書いていたのは、女性のジャーナリストだったと記憶しています。

この美しいほどいさぎよい〝発明〟に、僕はとても惹かれました。

週5日のウィークデーの中日にあたる水曜日には、予定を入れない。

「仕事をしない」という意味ではなく、人と会う約束や会議の予定を入れないという意味です。

たったこれだけのことで、まるで安心感が違います。水曜の余白は、自由に使える〝調整時間〟になるからです。

仕事の進み具合が予定よりも遅れているときには、遅れを取り戻すための調整に。

週の後半に大事な発表をひかえているとしたら、ていねいな準備に。

ちょっと疲れがたまっているなと思ったら、マッサージの予約を入れてもいいし、ずっと寝ていたっていい。

余白をつくることで、精神的なゆとりが生まれ、仕事の質の向上にもつながるのです。

〝量〟で勝負する仕事ならＡＩにかなわないかもしれませんが、〝質〟を磨く余地はまだまだありそうです。

やわらかく、あたらしい工夫を発明したときのよろこびもまた格別です。

高級感より清潔感

服や持ち物に関しては、高級感よりも清潔感を大切にしたいというのが僕のモットーです。シャツの襟元が汚れていたり、靴のつま先の色がはげていたり。ささいな部分から「疲れた雰囲気」が漂ってきます。自分の目線からは見えづらい部分にこそ、人の目線はとまるものなので、注意したいですね。


反対に、人からは見えない部分にもパリッとした清潔感を。

たとえば、下着や靴下は質のいいものを選びたいと思っています。

肌に直接触れるので「心地よさ」に直結するという理由もありますが、50代を迎えるとふだんは元気に過ごしていても、「いつか突然倒れて、病院にかかるかも」という心配は若いころよりも現実味を増します。

お医者さんや看護師さんに処置をしてもらうときに、「おや、結構くたびれた肌着を身につけているな」と思われるのは、ちょっと恥ずかしい。

見えないところにこそおしゃれを。お金をかけるという意味ではなく、上質感のあるものをできるだけ選びたいと思います。

結果的に、僕のふだんのファッションというものは、デザイン・色ともにベーシックで、特に際立った個性を感じさせないものになっています。

実はこれにもちょっとした意図があって、地味であることは「親しみやすさ」にもつながるのではないかという仮説があります。

ある程度の年齢や立場になった大人が、主張の強い派手な服を着ると、それだけで若い人たちを威圧してしまうんじゃないか。それよりも、すっと隣に座っても「ああ、松浦さん、こんにちは」とおだやかに挨拶をしてもらえるようななじみ感が、僕のめざすところです。

背伸びをして理容室に通う

清潔感に関連して、もう一つ。僕が40歳で『暮しの手帖』編集長になったときからはじめた習慣が、「背伸びをして理容室に通う」というものです。

若いころは、散髪は月に1回くらいで十分だという考えでしたが、年齢を重ねるにつれ、髪の印象はより重要になります。

特に、人前に出ることが多い役職の方は気をつかっているはずで、いわゆる大企業のトップに立つ経営者のほとんどは週に1回は散髪しているのではないかと思います。

僕が個人的にあこがれを抱いていたのが、老舗のヘアサロン「理容 米倉」です。大正

7年に築地にあった精養軒ホテルから発祥したという米倉の銀座本店には、各界の重鎮が通っていると耳にしていました。

「いつかは『米倉』」という憧れを温め続け、ついに意を決して、まずは店主宛に手紙を書き、郵便で送りました。数日後、電話をいただき、「どうぞお越しください」と。当時は僕が最年少のお客さんでした。

以来、40代は3週間に1回、50代になってからは2週間に1回のペースで通い、髪を切っていただいています。僕にとっては贅沢かつ、自分の背筋を伸ばすような時間です。

技術は言わずもがなのすばらしさで、髪型が整っている安心感があると、人に会うときも堂々と落ち着いていられます。

定期的に通うには、お金もかかりますので、「これからも『米倉』に通える自分でありたい」というプレッシャーが、日々のモチベーションにつながっています。

自分を高めてくれそうな憧れの理容室や美容院を行きつけにする。大人には、とてもおすすめしたい習慣です。

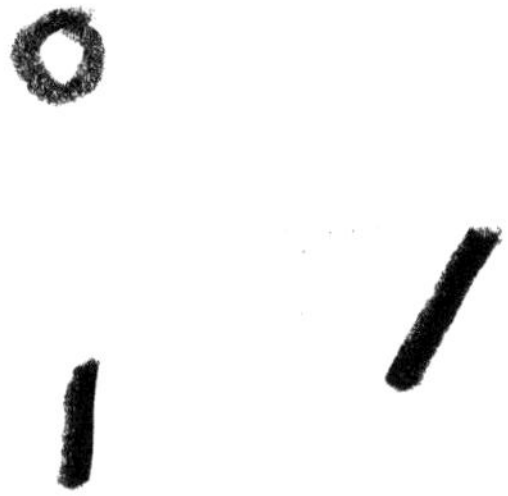

1年後のために計画して動く

あくせくせずに、でもゆたかに生きていくために、僕が意識している心がけの一つに、「目の前のことのためだけに動かない」というものがあります。

「今いくら儲かるのか、得をするのか」という目先の利益にとらわれるのはやめて、「1年後、3年後にどんな実を結ぶか」と遠くのほうに焦点を置いてみる。

今すぐに生まれる利益を「直接計算」、まわりまわって将来に生まれる利益を「間接計算」と区別するなら、僕はだんぜん、間接計算を重視するタイプです。

目の前で実った果実をすぐに収穫せずに、先々のためにあちこちに種まきをする。当然ながら、どんどん人に抜かされていきます。けれど、気にしない。

ずっと先に、もっといいものが生まれて、さらにその先にもつながる発展形をイメージできるから、あせらずゆったりと構えられる。

余計な競争に巻き込まれることもないから、消耗しないのがいいんです。

こんなサイクルでいつも種まきと水やりをしているから、今日の自分のしあわせは、1年前の自分のがんばりのおかげだという感覚があります。

よい成果が生まれたときには、1年前の自分にありがとうとお礼を言いたくなります。

健康もそう。今日1日をすこやかに過ごせたのは、1年前の自分が健康に気をつけていたから。

今日の選択は、よいことも悪いことも、1年後の自分に必ず反映されるものだと思っています。

水を飲み、自然音を聞く

健康法は何かと聞かれて考えてみると、拍子抜けするほどお金がかからないシンプルな方法だったので、自分でもおかしくなりました。

一つは、水を飲むこと。

月並みですが、人体の大部分は水でできているから、水のめぐりをよくすることが健康のきほんだというのは感覚的にわかっていました。

本当にそうなのかなといろいろ調べてみると、厚生労働省も健康法の一つとして「水を飲む」を打ち出しているのだと知りました。

コーヒーやスープなど味のついている水分は除いて、常温の真水を、1日あたり1・5リットルほどの量を少しずつ。

この習慣をはじめてしばらくすると、なんとなくずっと悩まされていた頭痛や腰痛がやわらいだので驚きました。

以来、ずっと習慣にしていますが、水を飲むとお腹があまり減らないから食べ過ぎをふせげるし、肌のうるおいも保たれて調子がいいのです。

やはり、水分補給は体が求めていることなのだと、あらためて実感しています。

大げさに思われるかもしれませんが、多少の不調は水を飲んで治っちゃう。それくらい、水は僕の健康と結びついています。

もう一つは、「音」に関すること。

街を歩いていると、耳をイヤフォンでふさいでいる人とたくさんすれ違います。僕も音楽は好きですが、どうもイヤフォンは好きになれません。

難聴になりやすいと聞きますし、あんなに耳の近くで音が鳴るということ自体がストレスに感じてしまうタイプなのです。

その代わり、僕が好んで聞きたいのが、「自然音」です。

都会の公園の中でも、ベンチに座ってじっとしていると、いろんな自然音が聞こえてきます。

風に揺れる木々の葉っぱがすれる音。遠くで歌う小鳥の鳴き声。ちょろちょろと流れる小川の音。海の近くなら、波の音もいい。雨の日のしずくがちょっと不均等に連なる音も好きです。

ささやかで、でも耳に心地いい自然音を聞くだけで、心がふーっとほぐれていく気がします。

自然音を耳から取り入れるだけで、頭と心と体の緊張がほぐれて、いろいろな機能が整っていく。

そんな想像をするとなお、「健康的な時間を過ごせているな」なんて思えるんです。

毎日の散歩と、時々の小旅行を

移動の距離を伸ばそう、という話をしました。

日常的に移動を楽しむ習慣を毎日取り入れるとしたら、やはりおすすめしたいのは「散歩」です。

僕は夕食を終えてから、1時間ほどかけて歩きますが、あえて毎日同じルート、同じコースを散歩しています。

道端に咲く花や、見慣れた建物の輪郭で切りとられた空、いつも決まった時間に通りすがって軽く会釈をしあうおじさんと犬。

「同じ風景」を毎日観察すると、小さな変化を発見できることがあって、おもしろいのです。

思い切って、いつもバスや自転車を使っていた通勤手段を徒歩に変えてみるのもいいでしょう。自分の足でぐんぐん歩くのは動物的で、なんだか自信がつきます。

散歩に加えて、僕はよく「小旅行」も楽しみます。

数日間の休みを使って泊まりの旅をするのもいいのですが、1日や半日のブランクを上手に使って、ちょっと遠出する小旅行も十分に楽しめる冒険になります。

東京の都心からなら、電車に乗って水戸の芸術館の展示を見に行ったり、軽井沢まで新幹線で遊びに行ったり。

僕はいちごが好きなので、春にはよく千葉のほうまで車を飛ばしていちご狩りに出かけます。

思った以上にリフレッシュできますし、何より「思い立ったら、いつでも遠くまで行ける自分」をたしかめられるから、上機嫌でまた日常に戻れるのです。

セルフケアとしての読書

読書はもちろん好きです。１日最低でも15分から30分は読むことを習慣にしています。

といっても、家の中に物をあまり置かない主義なので、手元に保管している本はそれほど多くありません。

今の家に引っ越すときにずいぶん整理をして、手元に残したのは全部で50冊くらいでしょうか。１メートル50センチくらいの幅で２段しかない本棚の中に入るだけの本が並んでいます。

ビジネス書やノウハウを吸収するための本は、僕にとって「トレンド」であり、「流れていくもの」だから、手元に長く置いておくことはしません。

ずっと本棚に置いているのは、松尾芭蕉や志賀直哉、ヘミングウェイ、宮沢賢治、高村光太郎など。昔から好きな作家の小説や自伝、歴史書の類が並んでいて、同じ本を繰り返し読む。これが僕の読書スタイルです。


僕にとって、読書は「セルフケア」に近いのかもしれません。

何十年も本棚に並んでいる本の中から、ふと手にとりたくなるタイトルは、なぜか日によって違うもの。

きっと無意識に、そのときの気分や感性、集中できる余力といったコンディションを映し出しているのでしょう。


本はやさしい対話相手です。ページをめくる手を止めて、しばらくもの思いにふけったとしても、僕を急かさず無言で待ってくれます。

以前は気にも留めなかった一文が、なぜか今夜は気になって、「あのとき、僕は彼女に何を言えただろうか」と急に過去の回想ともの思いにふけってしまうことも。

頭と心のストレッチ。そんな感覚があります。

短時間で何冊も読破することを特技にしている人もいますが、僕の読書の目的はセルフケアなので、とてもとてもゆっくりと、スローリーディングを味わいます。

気持ちがざわざわと落ち着かないとき、焦ってばかりでスランプにおちいったときほど、リラックスできる空間で本をめくりたくなるのです。

人間理解としての読書

もう一つ、僕の読書の楽しみは、「人間を理解したい」という好奇心ともつながっています。

松尾芭蕉もヘミングウェイも、すでにこの世には生きていない人物ですが、「本の著者」という存在としてずっと僕のそばに寄り添ってくれます。

10代のころにはじめて読んだときには、さっぱり理解できなかったけれど、手に取って読む回数を重ねるうちに、だんだんと受けとれるものが変わってくる。

作家の背景について勉強して深く知るほどに、「ああ、この作家はこんな人生の物語を抱えていて、だからこの時期にこんな物語を書けたのか」と、人間としての作家の姿が浮き彫りになっていくのです。

作品そのものというより、作家の物語性に興味があるし、もっと理解したくなるのです。

同時に、人間探求をおもしろがる自分を感じられる時間が好きなのかもしれません。

相手を深く知るほどに、自分にも向き合える。

僕の本棚に並んだ50冊の本は、「一生つきあいたい50人の友人」と言い換えることができそうです。

こころのもち方

Part 5

HOW/being

毎日、自由に空想する

10歳の少年のような自分に戻って、後編の人生を歩き出すために。日々の行動で大切だと思うことを、ここまで書いてきました。

行動のベースとなるのは、「気持ち」です。

心をどんな状態で保つといいのか、どんな意識へと自分を向けたらいいのか。これまでの延長ではなく、あらたな「心のもち方」を選んでいこうと、僕は決めています。

子どもはみんなもっていて、大人がいつの間にかどこかに置いてきてしまう〝心〟はなんだろうかと考えたときに、まず浮かぶものの一つは「空想する力」です。

あんなことできたらいいな、きっとできるんじゃないかなと、自分に制限をかけることなく、空に風船を飛ばすように空想する時間を、きっと誰もが経験してきたはずです。

大人になって、いろいろな社内のルールに合わせたり、期待に応えようとしているうちに、いつの間にか「あんなことはできっこない」「やってみたいけれどむりだろう」と自分で自分にブレーキをかける賢さを身につけてしまったけれど、空想力はいつでも呼び戻せるはずだと僕は信じています。

「自分はどんどん成長できる。だから、なんでもできるんだ」と、明日が楽しみで仕方なかった子どものころのように、自由に空想することをまずは自分で自分に「オーケー」を出してみるのがいいと思います。

僕は毎日、あれこれと空想をしては心の風船をふくらませています。

空を飛べたら。宇宙に行けたら。過去の自分に戻れたら。イメージすることが、すべての出発点です。

なぜなら僕たち大人はみんな、「空想」が未来をつくるパワーになることを知っているはずだからです。

今の社会の風景をみわたすと、子どものころに「もしも」と空想したことのほとんどが、かなっているのですから。

ちなみにサン＝テグジュペリの『星の王子さま』は、今でも僕の愛読書です。

「むり」と口にしないという約束を

空想力をじゃまするもの。それはほかでもなく自分自身の心のブレーキです。

30年前、40年前に「あったらいいな」と描いていたことがほとんどかなっている世の中なのだから、きっと今日この瞬間に空想する夢も30年後には現実になっていることでしょう。

だから、クールに現実主義を決めこむのではなくて、子どものような空想力を、大人も取り戻していこうよと僕は一人ひとりに言ってまわりたい気分です。

なんて言いながら、僕だって弱気になりそうなときもあります。

ちょっと疲れたときやゆとりがないときには、ふと「むりかもしれないな」というネガティブな感情がよぎることも少なくありません。

でも、絶対に決めているのは、その言葉を口に出さないということ。言葉を口にすると、その言葉を耳で聞いた脳が「ああ、むりなんだ」と理解して、そう思いこんでしまうと聞いたことがあるからです。

逆にいえば、前向きな言葉をできるだけ口にして脳に言い聞かせていると、だんだんと思考や行動もプラスに向いていくということ。

脳って意外と単純だなと思いながら、結構まじめに「『むり』とは言わない」という約束を守っています。


心がプラスに向くか、マイナスに向くか。その矢印をほうったらかしにせず、自分自身できちんとコントロールすること。コントロールできると思って取り組むこと。

この意識はつい忘れがちだけれど、とても大切だと感じています。

「たぶんね」「そうかもね」と力を抜いて生きていく

最近読んでおもしろかったのが、動物行動学の研究者・日高敏隆さんの本。日高さんは、人生をかけて動物の行動の神秘を追いかけながら、その不思議な魅力について僕たちに教えてくれるすてきな大人です。

本の中で、日高さんは「すべての事象はまだ完全に解明されているわけではない。だから、人間がこれまで得た知識もすべて〝幻想〟だと思ったほうがいい」といったメッセージを投げかけていました。これには僕も心から共感でき、何度もうなずきたくなりました。

というのも、僕も子どものころから親や親以外の大人たちから説明されるものごとに対して、どこか完全に信じ切っていないというか、「本当にそうなのかな」「もっといい答えがあるかもしれないぞ」と受け取る癖があったからです。

生意気だと思われそうですが、そうやって真正面から受け止めるのを避けたほうが、気持ちがらくになることを自然と学んでいたのかもしれません。

大人になってからもこのスタイルは変わらず、「世の中に確定しているものは何もない」という前提で、何に対しても「答えらしいもの」程度に受け止めながら、「たぶんね」「そうかもね」といったクッションをくっつけて飲み込んでいます。

すると、「もっといい答えがどこかにあるはず」というフックが自分の中に生まれて、世の中の見え方がもっと楽しくなる。

日高さんというすばらしい実績のある大学教授の先生も同じことをすすめていると知って、なんだかうれしく、希望をもてました。

「世の中には『絶対』なんて存在しない。すべては幻想なのだ」。実に力の抜ける発想だと思います。

年齢を重ねると、知恵や経験から「これこれとはこういうものである」といつの間にか決めつけてしまい、かたくなになりがちです。
だから、あえて「たぶんね」「そうかもね」と自分に言い聞かせて、力を抜いてみる。
やわらかく、あたらしい空気を吸いやすい状態に、心と体を整えていきたいものです。

問題を防ぐには「過ぎないこと」

日常に起きるいろいろな問題の原因をつきつめると、「過ぎる」に行き着くのではないかと、最近の僕はほぼ確信しています。

食べ過ぎる。寝過ぎる。働き過ぎる。遊び過ぎる。買い過ぎる。運動をし過ぎる。お酒を飲み過ぎる。

日常の営みは無限に選ぶことができて、自分の好きなようにカスタマイズできるのは、大人ならではの楽しみ。

適度なバランスならいいのですが、ときに過剰に求めて自制を失ったときが、トラブルへのはじまりなのではないでしょうか。

自由を手に入れた大人だからこそ、過剰に求めないように、足るを知る心がけが大切なのだと思います。


「過ぎないことを心がけよう」とかたく決めたのは、40代で訪れた不調がきっかけでした。編集長という役職をいただいて、しらずしらず力が入っていたのかもしれません。心の具合が悪くなって病院にかかった時期がありました。

そのときに、ドクターから教えてもらったのは「期待のし過ぎはよくないですよ」というアドバイス。家族や仕事仲間などのまわりの人に対して、「もっとこうしてほしい」「こうするべきだ」と期待をし過ぎるのがいけないのだと。

期待をかけた分、期待どおりにいかないときに、「なんで思ったとおりにやってくれないんだろう」「どうしてわかってくれないんだ」といらだちがつのっていく。そのストレスによって、自分の心を痛めつけてしまうのだと知って、不調の原因をつくり出していたのは自分自身だったのかと気づいたのです。

それから、「期待をし過ぎない」と決めて、まわりの人と接するようにしてみたところ、少しずつ状況がよくなっていきました。

以来、僕は毎日となえるように「過ぎないでいよう」と心がけています。過ぎないでいるためには、つねに自分を客観的に見守っていなければならないので、簡単ではありません。でも、「過ぎないでいよう」ととなえるだけでも、だいぶ違う気がします。

しがらみを断ち、期待をかわす

自分が誰かに期待し過ぎないというのとセットで必要になるのが、「他人からの期待に応えようとがんばり過ぎない」という心がけです。

大人になると、自然といろいろな役割が積み重なって、いつの間にか、自分が思っている以上に期待をかけられたりするものです。

それはそれでよろこばしいことかもしれませんが、あまりまともに受け過ぎると、これも消耗につながります。

いい意味での「賢さ」を身につけて、上手にかわす力を備えていくことが大切。

期待をかけてくれる人の気持ちはありがたく受け取って、でも真正面から受け止めないように、ちょっと姿勢をななめにしてみたり、急所には当たらないようにふっとよけてみたり、むりをしてまで自分のすべてを差し出さない術が、人生の後編には必要です。

どうしてもむりをして相手の期待に応えてしまう癖があるとしたら、「しがらみ」を捨てる勇気をもつべきなのかもしれません。

それほど深くない人間関係や、自分自身の中にひそむ将来への不安。過去のあやまちに対する後ろめたさ。

断つべきものにしがみついているから、言われたことをすべてやらないと不安になってしまう。

でも、人間のキャパシティには限界があります。本当はやらなくてもいいことまで期待に応えようとすると、自分らしさを発揮するために使うべき力まで使い切ってしまいます。

力を抜くべきところは抜いて、自分が大切にしたい自分を守り抜いていく。

そんな緩急のあるしなやかさを身につけていくことが、あたらしい自分をつくる基礎力になるはずです。

孤独も悪いものじゃない

孤独とどう向き合っていくかというのも、人生を通じてのテーマです。

僕がどれだけ人に受け入れてもらえているかは別として、若いころから孤独に対しては それほどネガティブではなく、「人間なら誰もがもって生まれてきた条件だよな」くらいに受け止めていました。

もちろん、一人ぼっちで過ごすのは悲しいし、さみしいし、つらいものだと感じます。

でも、そんな悲しくてさみしくてつらい孤独を死ぬまで抱えるからこそ、人恋しくなるし、誰かとの出会いやつながりを大切にしようという気持ちが生まれるんじゃないかなと思います。

もしも僕が完全に孤独を克服したとしたら、引き込もって、人づきあいをしようとすらしないかもしれません。

そう考えると、孤独もまた人生を豊かに彩るためにいただいた贈り物なのかもなとも。

つまり、孤独を感じることとは、「誰か」を感じることなのです。


話しは少し脱線しますが、人生の終わりのシーンには、誰かが僕の手を握ってくれているのが理想です。

その場所が家族に見守られながらの自宅なのか、通りすがりの人に声をかけられながらの道端なのかわからないけれど、死の瞬間に、僕の手を握ってくれる誰かがいてほしい。

人生の最後の瞬間に、誰かに手を握ってもらえる僕でありたい。

そこから逆算していくと、今日の過ごし方がまた少し、明らかになってくるのです。

無気力に対処する

ああ、また〝あいつ〟がやってきた。

これればかりは避けられないので、観念していつものルーティンで対処するしかないなぁ。


あいつとは、「無気力」のことです。

ある程度の年齢を重ねた人はたいてい、不定期に向き合うことになる相手だと思います。

ふつうに過ごしているだけなのに、前ぶれもなく突然やってきて、行動と思考の意欲をふーっと消していく嵐みたいなもの。頭の中にバグができて、思考が停まってしまうイメージにも近いかもしれません。

無気力がやってきたら、もう降参。どうしようもないのだけれど、「いつかは過ぎ去る」ということはわかっているから、そのときまでをどうやり過ごすかが唯一の対策になるわけです。

僕も自分なりの「やり過ごし方」を身につけました。

がんばらなくてもかんたんにできる単純作業を、この時間を使って淡々と片づけるという方法です。

領収書を分けてクリップにはさむ。財布の中を整理する。簡単な料理をつくってみる。引き出し一つ分だけ片づけてみる。

コツは、とにかく作業のハードルを下げること。どんなに出力の低い状態でも、淡々とこなすだけでできる作業を選ぶことが大事です。

そして、小さな達成感をちょっとずつ積み上げていけば、気持ちがだんだんと上向きに変わっていきます。

もう一つの方法は、今日やることをリストアップして書き出して、取り組む順番まで決めること。つまり、「計画」です。

無気力のときにはいつものように頭が働かないので、「今、何をしなきゃいけないいんだっけ」と混乱しがち。だから、その都度考えなくてもいいように、「TO DOリスト」を書き出しておくと気が楽です。

「むずかしく考えず、ただ計画にそって動けばいいのだ」と自分に言い聞かせて、リストに書いてあることに従うだけ。

気力がなくても、ものごとが前に進むから、無気力がやってきても怖くなくなります。

あらがわず、とり乱さずに、淡々と対処する。自分に合った無気力対策を、一つは見つけておくと安心です。

恥ずかしがらずイメチェンする

あたらしい世界にチャレンジすることは、あたらしい自分をつくっていくこと。これまでの考え方とか話し方とか、いろいろな面で変わっていく自分を「よし」とすることだと思います。

自分の殻を破って、自分の変化を明るく受け入れていくということです。

ちょっとくだけた表現をするなら、「イメチェン」をどんどん繰り返して、イメチェンを楽しむ感じ。

髪をうんと短く切った日には、鏡に映る自分を見て「どう思われるかな」とドキドキするかもしれないけれど、いざ誰かに会ってみたら「いいんじゃない」と褒められたり。あるいは、案外、誰も反応しなかったりして。

自分が思っているよりもはるかに、人は他人のことを気にしないもの。誰からどう思われるかと気にして、せっかく芽生えた好奇心を抑えつけてしまうのはもったいない。

「自分自身が楽しければいいんだ」くらいの割り切りで、軽やかにイメチェンを楽しめばいいと僕は思います。

現状維持を決めこむより、自分の変化を楽しめる大人のほうがかっこいい。これも美学のようなものでしょうか。

「つかずはなれず」の距離感で

ありがたいことに、僕のこれまでの経験や知っていることをもとにして、いくつかの会社に役員やアドバイザーとしてかかわる仕事をいただいています。

ふるい縁も、あたらしい縁も、業種もいろいろで、僕も勉強になるし、気に入っている働き方です。

会社に属さない働き方は不安定さがありながらも、あたらしい出会いや刺激的な学びに満ちているのですが、一つだけ気をつけていることがあります。「距離感」です。

どこか特定の一つの会社やお客さんに、べったりと近づきすぎないこと。お互いに依存することがないように、ほどほどの距離を保つように心がけているのです。

これは僕なりのサステナブルに働くための知恵というもので、適度な距離感を守らなかった場合に巻き込まれてくたびれてしまったという過去の失敗からの学びです。

小さいながらでも自分で会社を経営していると、目の前の安定的な収入が欲しくなるのは当然のことなので、特定のお客さんと深くつきあうスタイルを否定するわけではありません。

でも、僕は器用につきあいを広げられるタイプではないので、一つの会社に深く入りこむと、頭と心のゆとりがなくなってしまうのです。

ほかの仕事や役割がおろそかになってしまうのもよくないことですし、何よりも内情を知り過ぎることで言いたいことを言えなくなる自分が、きもちわるいのです。

自分らしさを失ってイエスマンになるのは、僕が望んでいる大人像ではないなという違和感があるのです。

変な言い方ですが、自分らしさを保つためにお金を捨てる選択をすることだってあります。笑っちゃうくらい不器用ですが、僕にとっては快適な選択です。

お金は「預かりもの」

お金は人生に自由な選択肢を与えてくれる、大切なアイテムです。

お金があることで、欲しいものが買えるし、行きたいところまで行けるし、助けたい人を助けることもできる。

「だから、できるだけたくさんのお金が欲しい」と、若いころは考えていました。

でも、人生の後編を迎えて、ようやくわかってきたのです。

お金というものは、決して「所有できるもの」ではない。どんなにたくさんのお金が手に入ったとしても、それは「預かりもの」なのだということが。

自分のお財布や銀行口座の中に入っているお金は、自分の所有物ではなくて、いったん社会から預かっているものだと考えるのが正しいと気づきました。

「松浦弥太郎という人物は、なかなかまじめにやっているようだから、きっとこれからもいい経験をして、社会のために役立つお金の使い方をしてくれるだろう。だから、今回は少し多めにこのくらいのお金を預けよう」

どこからかそんな意思が働いて、僕にお金を預けているイメージです。

さらにいえば、預かったお金をどう使うかをつねに試されていて、僕がつまらない使い方をしてしまったときには、「松浦弥太郎はせっかく預けたお金をムダにした。もうこれ以上は預けることはできないな」と判断される。すると、たちまち金回りが悪くなってしまう。

こんなふうにお金を「信頼に応じて変動する預かりもの」としてとらえると、その使い方はていねいになるはずです。

僕はお金だけでなく、服や食器、家具などの持ち物に関しても「預かりもの」ととらえています。

食べ物などの消耗品を除いては、ぜんぶ「自分の所有物ではなく、一時的に預かったもの」と考えることで、セーター1枚もお茶碗一つも、より大事にあつかうようになるものです。

お金も同じで、1円たりとも自分の持ち物ではなく、一時的に預かっているだけで、使い方を見定められていると考えれば、いい意味での緊張感が生まれます。

お金には、人生を一変させるだけの力があります。その軌道が乱れることがないように、きちんと自分自身をコントロールするのも、大人のつとめでしょう。

お金は「ちょっと足りない」くらいがちょうどいい

若いころは、「お金をもっと稼ぎたい、もっともっと稼ぎたい」という欲が今よりもありました。

けれど、歳を重ねるにつれていろいろなご縁に恵まれる中で、いわゆる「大金持ち」と呼ばれる人たちの生き方に触れて、お金があることは深い悩みを生むのだという現実を知りました。

では、お金の〝適量〟とはいくらくらいなのか。

おそらく、「ちょっと足りないくらい」がちょうどいいのではないかというのが、僕の結論です。

なんでも無限に買えるとなると、とたんに何も欲しくなくなるというのはよく聞く話で、欲がなくなると、がんばる気力もしぼんでしまうのだそうです。

もうちょっとがんばれば、あのスニーカーが手に入る。もう少しお金をためて、あの国に行ってみたい。

そんな単純な欲望が、リスクをとって挑戦するモチベーションにもつながるのです。

そう考えると、「欲しいものがなんでも買えるほどの富をもつ」というのは、幸福なのか不幸なのかわかりません。

これはあくまで想像ですが、世界でトップクラスの富豪であるイーロン・マスクはきっと、自分の資産の額について「ちょっと足りない」と感じていて、満足はしていないはずです。

彼がめざしている宇宙開発の実現のためには、まだまだ足りないと思っているのだろうなと、僕は想像します。満足していないから、あれだけエネルギッシュにいろいろなプロジェクトに挑戦できるのだろうなと。

「ちょっと足りない量」がどのくらいなのか。それはその人の欲望や夢の大きさによって変わるのでしょう。

自分の夢のサイズをはかりつつ、お金は「ちょっと足りないな」と思うくらいが、ハリのある毎日のためにはちょうどいいのかもしれません。

55歳でようやく服を着こなせた

自分にしっくりとなじんで、肩の力を抜いて街中で自然でいられる。服に着られるのではなく、自分が服を着ている感覚。

服は着飾るためのものじゃない。その人の生き方のスタイルとなじんでこそ、〝本当のおしゃれ〟なのだと僕は考えています。

17歳の終わりにアメリカに渡ったとき、雑誌で見たモデルの着こなしをまねてせいいっぱいのおしゃれをしたつもりでした。でも、現地でそんな格好をしている人は誰もいませんでした。

「ずいぶんと似合わない服を着ているな。ところでお前は〝誰〟なんだ？」

そんな問いを突きつけるような鋭い目線にさらされて、なんともいえない居心地の悪さを感じたのを覚えています。

「服は生き方のスタイルを表すもの」だと気づいたのは、それからすぐ後のことでしたが、肝心の「生き方のスタイル」を定めるのにはそれなりの時間がかかりました。

ようやく服を着られるようになったな、と自覚できたのは55歳のころです。たった3年前です。

服の着こなしで自分をよく見せようとはしない。

何を着ていても、変わらない自分でいられる自信。

もしかしたら、55歳になってようやく自分の生き方に自信をもつことができて、「もう服に頼らなくてもいい」と手放せたのかもしれません。

サイズの合う服を着る

では、この年代が服を上手に着こなすコツとはなんなのかと問われたら、僕は「サイズのフィット感」だと答えます。

高級であるとか、有名ブランドであるとかは重要ではなくて、要は自分の体型に合うサイズの服を選んでいるかどうか。

文字どおり、「身の丈に合った服」をチョイスしている人は、その人の輪郭のようなものが見える気がします。

体型に対してサイズが大き過ぎる服、小さ過ぎる服を着ている人は、その「ズレ」の印象のほうが強くなって、どんな人だったかの記憶がぼやけてしまうのです。

色や柄が際立ち過ぎるのも、あまりいいと思いません。

その人の生き方のスタイルとしっくりと一体化していたらすてきなのですが、あまりギャップがあると、やはり服の印象だけを与えることになるでしょう。

会った翌日になって「あれ、昨日、松浦さんは何着ていたっけ？」と服の印象が残らないくらいのなじみ具合が、僕の理想です。


色づかいはシンプルに、色の種類を少なめに抑えるようにしています。

ブルーとベージュ、グリーンとグレーなど、多くても2色。あるいはネイビーの濃淡など。


地味だと思われるかもしれませんが、「大人になってからは、できるだけ目立たないほうがいい」というのが僕の価値観です。

身の丈以上に目立つと、ねたまれたり、うらやましがられたり、まわりの人のネガティブな感情を刺激するリスクが増えるからです。

その先に生まれる苦しみも容易に想像できるので、わざわざ目立つことはしないと決めています。

電車の中でも、街中でも、オフィスの中でも、その風景の一部にしっくりとなじむような、そんな装いをようやく楽しめる年齢になりました。

ホームよりアウェーへ出かけていく

知っている人やものごとが増えて、「慣れ」が自分の中にたまっていくこと。
これは、大人になるほど手に入れられる特権なのかもしれません。
でも僕はあえて、自分が慣れ親しんだ場所に留まらずに、「知らない世界」に向かう勇気をもち続けたいと思っています。

ふりかえれば、僕はいつもホームをつくろうとしない人生、アウェーを求めてばかりの人生でした。

高校を辞めて海外に行ったときも、『暮しの手帖』の仕事をはじめたときも、そこから

50歳を前にインターネットの世界にチャレンジしようと決めたときも。

「恐怖」よりも「憧れ」の気持ちのほうが強くて、毎日がハラハラドキドキの連続。

「わー、どうしよう。なんとかしなきゃ」と必死になって、自分がストレッチされるような〝痛気持ちいい感覚〟を、ポジティブに受け止めていました。


気心の知れた「ホーム」よりも、歓迎されるかもちょっとわからない「アウェー」へ。

もちろん、自分の経験がまったく役に立ちそうもない場所で居場所を探すのは迷惑をかけてしまうのでやめておくとして、少しでも相手が僕に興味をもってくれそうな場所なら、よろこんで飛び込んでみたいと思います。


アウェーの世界では、不慣れの連続で、困ることもしばしば。でも、困ることはむしろ自分にとってプラスになるなというのが僕の実感です。

困るから、深く考えるし、注意深く観察するし、やったことのない解決策にも取り組んでみようと思える。

自分をあたらしい世界につれていってくれるきっかけは、アウェーに向かうことで生み出せるんじゃないか。そんな気がしています。

僕たちは「魔法」を使える

ドリームズ・カム・トゥルー。

願えばかなう、という言葉は、本当にそのとおりだと僕は信じています。神秘として信じているだけでなく、メカニズム的にもきっと正しいはずです。夢や目標を描いて強く願えば意識が変わる。意識が変われば、行動が努力に向かう。行動が変わることで、目標へと近づく。「願う」を起点にして、こうして夢は実現するのだと思います。

つまり、何よりもまず、「こんなことをしたい」と夢を描くことが大切。繰り返しになりますが、やはりイメージが出発点なのです。

偶然と思える出来事も、すべては自分のイメージと行動が引き起こした必然です。

イメージを描くのにお金はかかりません。誰にとってもかんたんで、今すぐできる「魔法」です。

僕たちは実は、魔法を使えるのだということに、まずは気づくべきです。

この魔法を使わない手はありません。


しかし、この魔法は悪いことにも効きます。

誰かをおとしめたり、裏切ったりするようなマイナスの願いに対しても、同じように効くはずなので、魔法の使い方には要注意です。

これまでの経験から少しずつためてきた知恵や工夫を存分に使って、誰かをよろこばせたり、助けたりするプラスの魔法に変えられるように。

社会の出来事にも関心をもって、ただ批判をするだけでなく「自分だったらどうする？」と自分の頭で考えて、アイディアの形をつくっていきましょう。

いいアイディアを思いついたら、あとは計画を立てて、実行するのみ。

「今さらできっこないよ」と諦めたら、それで終わり。きっとその瞬間から、老いと後退がはじまるでしょう。

10歳のころのように、「なんだってできるぞ」と前を見て、ぐんぐん歩いていった先に、どんな世界が広がるか。僕は楽しみでなりません。

古い常識や諦めの空気に負けず、思春期の少年のようにあらがって、笑って歩いていきたい。

昨日より今日、今日より明日と、若返っていくような少年の後ろ姿を追いかけていこうと思います。

了

おわりに

最後にお伝えしたいことがあります。

あなたにとっての財産はなんでしょうか。たとえば、財産と聞いて何を思い浮かべますか。お金、地位、不動産、株や金融商品など、いろいろありますが、僕にとっては、自分のストーリーがいちばんの財産です。

少しおおげさに聞こえるかもしれませんが、人はなぜ生きるのか。その答えの一つに、自分のストーリーをつくるという意味があると思います。

自分のストーリーは自分でつくる。これだけは誰にも譲りたくありません。

だから、50歳という節目に、これからは常識に縛られない自由な生き方をしたい。もっと楽しくて、おもしろい、時には矛盾だらけの生き方をしていきたいと思うのです。子どものように無邪気に。

「僕の宝物は、お金でもなく、地位でもなく、僕自身のストーリーです」

僕は胸を張ってこう言える自分でありたい。そのために、これからどう生きたらいいのか。どう働いたらいいのか。何を楽しみ、何を学んだらいいのか。どう人や社会とつきあったらいいのか。そのことを、この本では書きました。

ストーリーはお金で買うことができません。

人生の折り返し地点にたどり着いたあなたにとって、この本がこれからのストーリーづくりに少しでも役に立てばうれしいです。

松浦弥太郎

50歳からはこんなふうに

発行日　2024年9月20日　第1刷
2024年11月12日　第3刷

Author　松浦弥太郎

Illustrator　林青那

Book Designer　名久井直子

Publication　株式会社ディスカヴァー・トゥエンティワン
〒102-0093　東京都千代田区平河町2-16-1 平河町森タワー11F
TEL　03-3237-8321(代表) 03-3237-8345(営業)／FAX　03-3237-8323
https://d21.co.jp/

Publisher　谷口奈緒美
Editor　榎本明日香(構成協力:宮本恵理子)

Store Sales Company
佐藤昌幸　蛯原昇　古矢薫　磯部隆　北野風生　松ノ下直輝　山田諭志　鈴木雄大　小山怜那　町田加奈子

Online Store Company
飯田智樹　庄司知世　杉田彰子　森谷真一　青木翔平　阿知波淳平　井筒浩　大﨑双葉　近江花渚
副島杏南　徳間凜太郎　廣内悠理　三輪真也　八木眸　古川菜津子　斎藤悠人　高原未来子　千葉潤子
藤井多穂子　金野美穂　松浦麻恵

Publishing Company
大山聡子　大竹朝子　藤田浩芳　三谷祐一　千葉正幸　中島俊平　伊東佑真　榎本明日香　大田原恵美
小石亜季　舘瑞恵　西川なつか　野﨑竜海　野中保奈美　野村美空　橋本莉奈　林秀樹　原典宏　牧野類
村尾純司　元木優子　安永姫菜　浅野目七重　厚見アレックス太郎　神日登美　小林亜由美　陳玟萱
波塚みなみ　林佳菜

Digital Solution Company
小野航平　馮東平　宇賀神実　津野主揮　林秀規

Headquarters
川島理　小関勝則　大星多聞　田中亜紀　山中麻吏　井上竜之介　奥田千晶　小田木もも　佐藤淳基
福永友紀　俵敬子　池田望　石橋佐知子　伊藤香　伊藤由美　鈴木洋子　福田章平　藤井かおり　丸山香織

Proofreader　株式会社鷗来堂
DTP　有限会社一企画
Printing　日経印刷株式会社

ISBN978-4-7993-3090-6
Gojissai kara wa konna fu ni